幸せの小国オランダの子どもが学ぶ

続 アクティブ・ラーニング プロジェクト法【実践編】

～八つの知能領域で学ぶ保育環境～

辻井 正　Tsujii Tadashi

Octave

●目　次●

第1章　日本の幼児教育（保育）は変われるのか　———1

1、見守る保育から、保育者の積極的な支援を必要とする保育へ／1

2、受身的な子どもを育て続ける日本の教育事情／2

3、ハーバード大学の卒業生はなぜウォール街を目指すのか／3

第2章　なぜ、早く教えたがるの？　———5

1、5歳になると急に〇〇算数塾や英語教室に通う子どもたち／5

2、早くから学習的なことを学ぶ危険性もあるのです／6

3、塾で高速計算・暗記で鍛えられた子どもがなぜ、3年生になるとつまずくの？／6

4、〇〇算数塾に3歳から通った子どもが中学になった時／7

5、特別な教育を受けた子どもたちの40年後／7

6、非認知能力とはどのような能力を意味しているのでしょうか／9

7、教育の領域のエビデンス（根拠と効果）／9

第3章　小学校と保幼連携　———11

1、「何を教えるか」から「何ができるようになるか」へ／11

i

2、保幼と小学校の遮断されない学び方——「アクティブ・ラーニング」が必要です／12

3、保育活動の中に、特定の活動（プロジェクト（テーマ）・カリキュラム）を取り入れる／14

4、オランダの教育（保育）改革／15

5、プロジェクト幼児教育は同年齢構成と異年齢構成（マルチ・エイジング）の組み合わせで行われる／15

第4章　アクティブ・ラーニングを展開する構造化された保育環境　17

1、二つのカリキュラムの流れ／17

2、見守る保育から、子どもが自主的に遊べるように／17

3、アクティブ・ラーニングのための構造化された保育環境／18

4、自律性の動機づけ（内的動機）（Autonomy）／19

5、不安な環境では新しいことを受け入れようとはしません／19

6、知的活動を刺激する八つの知能領域（MI）の遊びのセンターを用意する／20

7、八つの知能領域が働くための物理的および心理的空間（保育環境）の必要性／26

第5章　八つの知能領域（MI）が働くリアル（実物）とデジタル（映像）の対話的アクティブ・ラーニング　27

1、過剰な視覚情報から選択させる力を養う／28

2、リアル（実物）とデジタル（映像）によるアクティブ・ラーニ

ング／28

3、子どもたちは三つのステップから学びます／29

4、デジタルゲームによるアクティブ・ラーニングの特色／30

5、知能の八つの領域を対話的に学ぶデジタル教材／30

第6章　PISA（国際学習到達度調査）を開発したOECD（経済協力開発機構）からの問いかけ——37

1、『あなたの国では、子どもたちは新しい方法で算数を学んでいますか？』／37

2、さんすう（大きい・小さい）の概念をプロジェクトで学ぶ／38

3、さんすう（数）の概念「大きい・小さい」のプロジェクト展開／39

　　■担任保育者の観察／45・52・61

4、子どもの自主的な動きをうながす視覚化された保育環境／62

第7章　ドイツの保育システムKITA（キタ）が取り組むプロジェクト——65

1、衝撃的なベルリンの学校崩壊事件／65

2、学習意欲を失う移民家庭の子どもたち／66

3、プロジェクト法はこのように構成されています／68

まとめ　ピラミーデの保育の流れと子どもへの支援の方法——75

1、人生のはじまりは平等でありたい／75

iii

2、気づくこと、気づかれること／77

参考文献／80

第1章

日本の幼児教育（保育）は
変われるのか

● ● ●

1、見守る保育から、
　保育者の積極的な支援を必要とする保育へ

「見守る保育から保育者の積極的な支援を必要とする保育へ」という話をM県の研修会で行ったところ、一人の園長先生から、「辻井さんの「見守る保育」から「保育者の積極的な支援」という言葉が、これまでの迷いを取ってくれました」とお礼状をいただきました。

見守る保育、遊びの保育の見直しはアメリカから始まりました。アメリカの幼児教育（保育）が一番力を入れているのが、「見守る保育、遊びの保育」から、保育者が積極的に保育環境をデザインし、個々の子どもの最適発達に沿ったカリキュラムの作成です（注：最適発達とは、子どもの知識の吸収のしかたはそれぞれに異なることを前提に支援することです）。

アメリカは伝統的に遊びを中心にした保育が主流で、保育者が積極的に子どもの遊びやカリキュラムに介入することを避けてきました。しかし最近は、保育や教育のエビデンス（理論的根拠と何を目的にしているのか）を求める傾向が強くなりました。

アメリカ南部の貧困地域やアフリカンアメリカンの居住地域では、学校内暴力が多発し、教師が行きたがらない深刻な教育問題があります。一人の女子大生のアイデアから生まれたのがTFA（ティーチ・

I

フォー・アメリカ）です。大学生に2年間限定の教師資格を与えて、これらの貧困地域の学校に教師として派遣する計画です。現場で働くアメリカ人教師の指導力やカリキュラム研究には優れたものが多くありますが、教師が行っている授業や指導方法は極めて職人的技術で、言葉で表現しにくい問題点がありました。これらの問題点を克服し実際に役に立つ教育法、子どもが確実に理解する教え方の運動を始めたのが TFA です。これらの実践的な教育法を身につけた大学生たちが、貧困家庭の多い地域や、教師が積極的に行きたがらない学校で大きな成果をあげました。学生たちは卒業後さまざまな職業につきますが、彼らの教壇体験が彼らの人生の選択にも影響を与えていました。

2、受身的な子どもを育て続ける日本の教育事情

　歴史学者によると、現代の先進諸国の中で、最も、根強く安定した伝統的社会を維持しているのは日本だといわれています（大雑把にいって、アメリカは建国300数十年、ニュージーランドは200年）。中国から学んだ官僚的な律令国家の骨組みは1,000年以上ですから、アメリカや西欧の国々から、日本は特異な国だと思われている理由の一つです。

　根強い伝統的社会は、身内の絆、社会的な習慣や規則の強さ、世間（日本的社会）からはみ出させない人間関係（一旦切り離されたならば自己の場が喪失する）です。現在の日本は、一見自由で豊かなその裏側に、この根強い伝統が根を張っています。それゆえに、世間に逆らわない、皆と同じように振舞う、学校の規則や習慣を守って謙虚に生き続ければ「ニッポン」で生きる居場所は保障される、自己保存的な社会です。自己主張をすること、自分のことを言う能力、他者に伝える表現力を鍛えるチャンスは少ないのが現実です。

　アメリカに住んでいる、日系アメリカ人とヨーロッパ系アメリカ人

の比較研究があります。

日系アメリカ人の行動は、集団主義的文化だそうです。

・親は子どもに、集団のルールに従うこと、集団への権威に随順するために、子どもに"集団的自我"を育てようとする。

・子どもは、やりたくないという理由だけでは、集団が期待することを拒否することは認められない。

ヨーロッパ系アメリカ人の行動は、個人主義的文化だそうです。

・集団が求めることに従わないことはほめられ、親は子どもの"個人的自我"を育てようとする。

・子どもが立派だと言われるのは、子どもの自立心、自分自身を知ること、個人としての最大限の能力を発揮すること。

同じ国で生活しながらこのような違いが見られたそうです。

3、ハーバード大学の卒業生はなぜ ウォール街を目指すのか

アメリカの最高の頭脳が集まるといわれているハーバード大学の卒業生から、起業家が減っています。社会の改革者も、芸術家も減ってきたそうです。卒業生36%の就職先(2010年)は、投資銀行や株取引、経営コンサルタントだとわかりました。子どもの時から、逆境から過度に守られているせいで、失敗を克服したり、失敗から学んだり、自由な開かれた市場で何をやりたいかを選択する必要にない仕事を求めるそうです。テストを受けることで次の段階に進むことを身につけてしまった若者たちが選ぶ、当然の道筋です。

日本の東大生の就職先(2014年度)もよく似た状況です。金融関係では、ゴールドマン・サックス証券株式会社、JPモルガン証券株式会社、メリルリンチ日本証券、大和証券キャピタル・マーケッツ株式会社、東京海上日動火災保険株式会社、株式会社日本政策投資銀行、などです。

ある東大教授の、「国家の補助金で運営されているが、日本国を変革させるような、世の中に役立つ卒業生を出しているのか？」との発現を新聞が報道していました。豊かな年収の家庭からくる最近の東大生の多くは、中高一貫校からの出身者が多く、金太郎アメのようにそっくり同じ考え方や気質の学生だそうです。何かに夢中になったり、余計なことやチャレンジを嫌うそうです。そこで考えられたのが異質な学生を求めるために、出願者自身の人物像を学校側の求める学生像（アドミッション・ポリシー）と照らし合わせて合否を決める AO 入試の方法です。

　ウォール街を目指すアメリカの学生とどこか通じるものがあるのではないでしょうか。

第2章

なぜ、早く教えたがるの？

●　●　●

1、5歳になると急に○○算数塾や英語教室に通う子どもたち

　K園長先生から保護者参観日に話をしてほしいという依頼のメールが入りました。スケジュール的には問題がないので、快く引き受けさせていただきました。どのような内容の話をご希望かとたずねると、園長先生は言いにくそうに、「保護者は子どもが5歳になると急に○○算数塾や○○英語教室に通う人が多くなるので、0歳から育て上げてきた意味が崩れるようです」と悲しそうでした。

　保育園では子どもの情緒や心が大事だということをモットーに育ててきたのに、5歳になると学習的なことに保護者の関心が向いてしまうことも仕方がないと、園長先生の言葉です。ただ毎年、おけいこ事や学習塾に通い始めた子どもの中には、行動が荒れる、先生に口答えをする、親に反抗する子どもがいることに園長先生は悩んでおられます。

　幼児期の子どもにとって、将来の学習で困らないように、早くから算数をする、英語を習う等の意味は納得できない上に、親の価値観（親は大事だと信じていますが）が子どもの気持ちや行動にのしかかります（抑圧）。すると当然、子どもは反抗し、不自然な行動をするだけでなく、学ばされている意味もわからないまま親に不信感を抱く子ど

も、逆に、親の言いなりになることで、親から精神的なご褒美がもらえる見かけの喜びに陥る子どもに分かれます。

2、早くから学習的なことを学ぶ危険性もあるのです

　計算能力を繰り返し鍛えられてきた子どもの典型的な能力は、素早く計算できることです。横で見ていても感心するぐらい素早い計算力です。しかし、小学校1、2年の間は能力を発揮していますが、複雑な文章題が出てくる3年生頃になると能力が落ちてきます。能力が落ちるという意味は、文章の中から数字だけを素早く取り出し、文章の内容を理解しないで答えを出して間違うからです。計算は素早くできる能力はあっても、10本の指で数えられない繰り上げ繰り下げ問題が出てくると、足の指の助けを借りて計算している子どももいます（本当の話です）。

3、塾で高速計算・暗記で鍛えられた子どもがなぜ、 3年生になるとつまずくの？

　どんなに早く計算できても、漢字を読めても、高学年になるにつれて、文章題を解く力がますます必要になってきます。文章を解く力は、書かれていることをイメージできる力なのです。数えることや漢字を読むことに力を注ぐことは危険です。

　高速計算で鍛えられた子どもは、数を集合体（かたまり）であることが理解できないままに、計算能力だけを高めていくのです。5は、5羽のニワトリ、5台の車、5個の果物という5つの数の集合なのです。さらに5は、5つのコップの数であると同時に、5番とか5個目のりんごと数えるための数字（記号）であり、5番街、5丁目という名前でもあるという理解が必要なのです。

　計算だけでなく漢字も同じような傾向で、3年生後半で出てくる漢

第2章　なぜ、早く教えたがるの？

字の一つに「信用」「信頼」があります。この漢字を1年生で読める子どもがいるのです。スラスラ音読、フラッシュカードと呼ばれる方法で、むずかしい漢字や熟語、世界の国旗などをチラリと見せて、次々とカードをめくって一斉音読をさせて記憶力を鍛えるやり方です。しかし、1年生が"僕は信用を失った"と言えば、なんとなくちぐはぐです。人生の時間とともに成熟する言葉・漢字もあるのです。

4、○○算数塾に3歳から通った子どもが　中学になった時

僕の子ども時代は、おけいこ事といえば「そろばん」でした。家が商売をしていて長男の僕は将来、商売人なることを僕自身も疑いませんでした。週3回そろばん塾に通いました。今でもそろばんができるのを小学生の孫娘に見せたとき、びっくりしたような表情でした。

○○算数塾に3歳から通っていた姉妹がいます。母親から聞いたのですが、1年間塾に通うと段ボール箱いっぱいになるぐらいドリル計算用紙がたまるそうです。姉妹二人の段ボール箱数十箱が押入れに積んであると言います。

小学校低学年時の算数はクラスでもトップだったそうですが、次第に成績が下がり始めると本人たちの意欲もなくなって、他の子と変わらない成績になったそうです。今は高校生ですが数学に特別な興味と能力はないものの、買い物に連れて行くと計算の早さは衰えていないことがわかるそうです。

5、特別な教育を受けた子どもたちの40年後

最近の経済誌が教育問題を取り上げ、特別な手厚い教育を受けた子どもたちが身につけた能力に関心が集まっています。話題の根拠はアメリカで行われた黒人の貧困家庭の子どもたちへの支援の一つで、

7

「ペリー幼児教育プログラム」と呼ばれています。以下のような手厚い内容のプログラムです。

1、教える先生は修士号の学位のある心理学者

2、子ども6人に先生が一人

3、午前中に約2時間半の読み書きや音楽学習を週5日

4、毎週、家庭訪問を約1時間半（保護者にも子どもの教育への関心を高めさせる目的）

実験の成果を図るための偶然な出来事が起こりました。プログラムの参加者を募集したところ予定の倍の人数が集まったのです。半数の子どもがプログラムを受けましたが、他の子どもたちはこの恩恵から外れてしまったのです。実験者が意図しないで起こったプログラム受益者と非受益者に分かれたのは自然実験と呼ばれ、両者の違いを図ることができたのです。

プログラムを受けた子どもたちの最初の数年の成績は伸びたのですが、8歳ぐらいになると非受益者の子どもたちと変わらない成績、あるいはそれ以下の成績の子どももいました。実験者たちには予想外のことでしたが、読み書き計算といわれる能力は長く続かないことがわかりました。

実はこのペリー幼児教育プログラムが有名になったのは、プログラムを受けた子どもたちが19歳、27歳、40歳となった時点での調査報告です。これらの能力は8歳前後で消えていったのですが、プログラムを受けなかった子どもたちに比べて、19歳で高校卒業率が高い、27歳で正規の仕事についていた、40歳で所得が高い、離婚をしていなかった、自宅や自動車を所有していた、麻薬に手を出していなかったことがわかりました(参考：『学力の経済学』中室牧子著、ディスカバー出版)。

第2章　なぜ、早く教えたがるの？

6、非認知能力とは
　どのような能力を意味しているのでしょうか

　コロラド州教育研究所のヴィゴツキー（ロシアの優れた幼児心理学者で、若くして亡くなりました）研究家 Elena Bodrova は、幼児期に子どもが獲得しておかなければいけない非認知能力（社会性）を、以下のように分析しています。

1、現在行われている「模倣と伝達」による幼児教育法は、子どもの「今の能力（IQ）」を基盤に行われていますが、子どもの「明日の能力」、いわゆる想像性や可能性（期待感）に力を注ぐべきです。

2、子どもは集団生活の遊び、やり取り、ごっこ遊び、葛藤（対立）体験を通して、自分自身を意識するチャンスを手にします。

3、親や保育者が、何が正しく、何が間違っているかの方向を示してあげれば、子どもは自分の行動の主人公になり自律の感情を身につけます。

4、自尊感情を成熟させるためには、子どもは親以外の大人（保育者）によって、自尊・自己抑制を教えられる必要があります。

5、他者の行動に従う機会が必要であり、自分をコントロールするチャンスを増やしてあげることです。ルールのある遊びやゲームを通して自分をコントロールするのです。

7、教育の領域のエビデンス（根拠と効果）

　最近マスコミで騒がれている教育書に、教育と経済学の関係が書かれた大学の先生の本があります。いろいろな調査資料をもとに教育と経済の関係が書かれ、調査資料を科学的な根拠にしておられます。
　たとえば、ある地方都市の中学生全員に iPad を支給することで学

力向上をねらった計画があるそうです。iPad を支給された子どもと、従来の紙の教科書を支給された子どもの学力には、それほどの大差がなかったそうです。5万円の iPad と350円の紙の教科書。科学的な根拠と効率を無視した教育行政という批判は的を射ていると思います。

また、全国学力調査も話題の一つですが、A 地方の学力がトップだったことで、○○地方方式と騒がれていますが、この統計の中には、東京の有名私立の数字は入っていません。怪しげな日本一です。

エビデンスは数理的統計を根拠に判断され、統計的結果が絶対的という前提です。しかし、経済的な効率や統計は絶対的なものでなく、状況や人によって異なってくるというゲーム理論も登場しています。たとえば、毎日電車で会社に通い、事務の仕事と営業に励む社員は会社の売り上げに貢献していますが、何らかの事情で電車に乗れない人の中には、在宅で充分な営業活動をする人もいます。毎日通勤している人も、電車を運転してくれる人がいなければ通勤できません。がんがんとお金を稼ぐ人も、お金と物を交換してくれる相手がいなければ、ただの紙くずになります。相手を抜きに成果は論じられません。本来の教育的エビデンスも同じだと思います（参考：『障害を問い直す』松井彰彦・川島聡・長瀬修編者、東洋経済新聞社）。

第3章

小学校と保幼連携

● ● ●

1、「何を教えるか」から「何ができるようになるか」へ

　教科の枠を越えて、学校教育の重点を「何を教えるか」から「何ができるようになるか」へ大きく転換する「総合的な学習の時間」（プロジェクト法）の見直しが始まります。

　いわゆる伝統的な日本的教育は「あまり余計なことをしないで、間違いを避けて正しい答えを求める態度の養成」「よく考える熟慮型という力だけでは、社会への適応、勤勉型の人間、チャレンジを避け、指示待ちのタイプの人間をつくる」ということが根底にあります。学力（頭が良いこと）とは、「察しが良い。気が利く。謙虚である。空気を読むが第一番で、その次に「理解力」「学校の成績が良い」「知識が豊富」となる」という考えがあります。このように、幼児期から世間（他者）の目の評価が優先する生き方が良しとされてしまっているようです。

　文科大臣は「育成すべき資質・能力を子供たちに確実に育む観点から、そのために必要な学習・指導方法や（中略）学習評価を充実させていく観点が必要」であると、中央教育審議会に学習指導要領の改訂を諮問しました。これまでの知識蓄積型の教科主導から、子どもの関心事や体験したことからの「新しい教科書を発行したうえで、小学校

は2020年度から」、順次、高等学校まで進めると発表しています。さらに「基礎・基本となる知識を軽視しているわけではありません。しかし、すべてを教え込むだけでは、社会で生きて働く力にはならない」という考え方も込められています。アクティブ・ラーニング（体験型学習）で学習課題に取り組んでいくうちに、逆にしっかりと知識が定着し、活用も自在に行えるようになるということです。テスト直前になって必死に覚えるといった勉強のしかたは、大学入試改革と相まって大きな転換を迫られ、「我が国の教育全体の大改革につながる」（下村元文科相の諮問理由を代読した丹羽秀樹元副大臣）と、はっきりと明言されています。

　このような新しい学び方を実現するための教育法に、経済協力開発機構（OECD）が提案する、生きる力（リテラシー）と言語表現能力を身につけるプロジェクト法があります。実際「文部科学省とOECD（経済協力開発機構）が新教育システムを開発」（読売新聞2014年5月6日）と報道されています。

2、保幼と小学校の遮断されない学び方──「アクティブ・ラーニング」が必要です

1、教え伝える教育から、子どもが自ら学ぶ教育へ

　先生が黒板の前に立ち、子どもたちは一斉に先生と対面するような姿勢で話を聴いています。教えるとは、保育・教育するとは、知識豊かな指導者（保育者・教師）が、知識の未熟な子どもに、指導者が獲得した知識を「伝えること」でした。一言でいえば、先生が持っている知識を、子どもの頭の中に移し替える作業です。それゆえに、子どもは受身的に知識を吸収するだけでなく、先生の持っている知識を超えることができません。

　オランダのアーネムで行われた国際幼児教育会議でこのような発言が飛び出しました。

第3章　小学校と保幼連携

「保育がこれほど複雑になってきた今日、従来の保育の勉強だけでは到底対応できない時代。それゆえに、これからは Pedagogy（ペダゴギー）と呼ばれる「保育方法論」が必要です」

Pedagogy の語源はギリシャ語で「子どもを導く」という意味だそうですが、現代の Education（教育）のように、教える、伝達する教育とは異なり、幅広い社会的な知識を体験的に展開できるアクティブ・ラーニングの技法を持った幼児教育者（保育者）の養成が急務です。

2、アクティブ・ラーニングと呼ばれる教育法とは

・先生が話したことをノートに取り、その記憶量（理解力）をテストやレポートで確かめる方法で、小学校や中学校で行われている授業です。

・先生の話を基本にして子どもも授業に参加する形式で、子ども同士の議論、体験すること、そして発表することで言語能力を高めます。

・先生が学びの道筋（カリキュラム）をつけ、子どもたちが共同学習方式で、探索や体験を行い、課題を解決する方法ですが、現場では次のようなさまざまな方法が取られています。

　　共同学習型

　　体験学習型

　　総合的な時間の学習型

　　プロジェクト型

アクティブ・ラーニングを積極的に取り入れる努力は大学の授業で行われていますが、大半の学生は大学に入学するために、典型的な受身型の授業で育っていますから、アクティブ・ラーニングは幼児期の段階から身につける必要があります。

13

3、保育活動の中に、特定の活動
（プロジェクト（テーマ）・カリキュラム）を取り入れる

　日本の伝統的な幼児教育（保育）は、系統的に多くの知識を一斉に伝達する知識蓄積型教育法です（アジアの経済発展の目覚ましい国々も同様な方法です）。それに対して西欧では、系統的な知識や教科（読み・書き・計算）を教える前に、子どもの現実的な関心事からテーマを引き出して、子どもの生活環境全体からテーマを展開することで、子どもが自ら探索して解決法を探るプロジェクト教育が主流です。それぞれの国の文化的な違いから教育法も異なってくるのですが、明治百数十年にして西欧文化と科学を身につけた日本の奇跡の秘密は、日本的一斉型教育法だと信じられ、現在の発展途上国の経済発展のモデルになっています。しかし、日本的奇跡も各分野でほころび始め、特に教育分野における学ぶ意欲の低下や学級崩壊、小1プロブレムと難問が山積みです。

　近年、アクティブ・ラーニングが注目を浴びている理由の一つに、OECD（経済協力開発機構）によるPISA（生きる力と技能テスト）、通称国際学習到達度調査があります。PISAテストは「生きる力」を試しているといわれていますが、従来のIQテストや学力コンクール的な能力競争ではなくて、子どもが身につけた知識が、現実にどれだけ応用できるかを試すものです。身につけた教育力が、生活の中でどれだけ役に立っているか、言い換えれば教育の市場性テストです。教育の市場性（役立っている指標）という言葉は、教師や教育学者から非難を受けやすく、伝統的に日本の教育界にみられる教育論は、子どもの気持ちの尊重や学ぶ意味論的な精神論が中心で、教育が現実生活で役に立っている目安論は嫌われてきました。しかし、教育というのは、現実社会で生きていくための道具（手段）であって、教育を受けるために生きているのではありません。受験一辺倒の中で、親も教師も教

育で苦労してきた歴史を背負ってきたがゆえに、心理的反動として、教育を純粋化して論じる傾向があります。

4、オランダの教育（保育）改革

　オランダの子どもの学力（PISA）は、世界の高レベル層の成績を残していますが、その秘密はオランダの幼児教育法ピラミーデにあると言われています。1970年代頃からオランダには多数の移民家庭の子どもが保育園や幼稚園に通い始めました。オランダ語が不自由な移民家庭の子どもたちは、先生から質問されるといつも"はい、はい"とうなずくことに保育者や教師は気づき始め、クラスのお客様的な子どもの増加に、理解の困難な子どもへの個別指導の必要性を実感し始めました。その結果、一斉型の保育と個別対応の保育を取り入れたプロジェクト幼児教育の研究が進みました。一言でいえば、プロジェクト型カリキュラムを平素の保育活動の流れの中に、特定の時間に特定のカリキュラムを取り入れる方法です。「各プロジェクトのテーマは、約1か月続き、そしてすべての発達領域が計画に組み入れられます。たとえば、スーパーマーケットを中心に構築されるテーマは、自然と数式展開へのチャンスであり、私たちが着用する服を中心に作りあげられるテーマは、言語概念を含む活動に役立ちます。祭りは時間概念を検討することを助長し、そしてお祝いは、感情的、社会的概念への扉を開きます」と、ピラミーデの開発者カルク博士は教科（数、言語、時間概念等）との関係も強調しています。

5、プロジェクト幼児教育は同年齢構成と異年齢構成 （マルチ・エイジング）の組み合わせで行われる

　昨今のマスコミを通じて報道される「学校内イジメ」問題は、日本の教育が抱えている根本的なウミが溢れ出たようです。「学校内イジ

メ」問題を教育的な視点からいえば、子どもたちの極端な単層型生活形態に問題の根っこがあります。同じ地域に生まれた子どもは揃って同じ年齢構成で、同じ内容の知識を、同じやり方で教えられます。同年齢の子どもが同じ知識内容の教育を受けることは、全体的な組織力を発揮しますが、個々の子どもの違いや持ち味は無視され、異年齢間の交流や人間関係を鍛えられるチャンスを失くすと同時に、異年齢体験のない子どもの遊びが、人間関係の希薄さにも現れてきます。

　オランダのプロジェクト幼児教育は、マルチ・エイジング（異年齢集団）で行われますが、一斉型の教え方と異年齢集団を個別的に教える方法が取り入れられています。特に理解が困難だったり、オランダ語を話せなかったりする子どもが多いクラスでは、一斉型と個別指導がうまく組み合わされ「落ちこぼれへの抵抗」と呼ばれるカリキュラムが充実しています。

第4章

アクティブ・ラーニングを展開する
構造化された保育環境

● ● ●

1、二つのカリキュラムの流れ

現在行われている幼児教育のカリキュラムには、二つの型があります。西欧先進諸国で行われているプロジェクト型（ホリスティックとも呼ばれ、子どもが暮らす環境全体との関わりで進行する）と、日本や韓国のような高度な教育を誇る国々が行っている伝統的な段階型（発達段階に沿って知識を教えていく）です。生活環境の変化と急激なグローバリゼーション化の波に、従来の知識伝達の教育法がほころび始めているのは日本だけではありません。また世界的な政治的・経済的不安定の中で、自己決定や自己解決能力が求められ、これまでとは質的に異なった幼児教育（学び方）が必要となってきています。

2、見守る保育から、子どもが自主的に遊べるように

幼児のための効果的なカリキュラムは、遊び、学ぼうとする子どもたちの自然な衝動が、保育者の積極的な関わりによって援助され、注意深く創り上げられることが必要です。保育者の役割は、子どもたちが自主性を発揮し、物事を決定し、そして自律性の動機づけ（内的動機）の能力を獲得させ、遊びと学びのための豊かな保育環境をデザイ

ンすることで、子どもたちの自然な発育を支援することです。保育者の役割は保育者自身の認識力により、より高い発達レベルに子どもたちを導くために、子どもたちの遊びと学びに取り組み、動機づけをし、かつ援助することです。

3、アクティブ・ラーニングのための構造化された保育環境

「昔、瞑想にふけっていると、たまたまりんごが落ちて、はっと思いついたのだ」という有名な言葉は、万有引力理論（地上において物体が地球に引き寄せられるだけではなく、この宇宙においてはどこでもすべての物体は互いに引き寄せ合っている）を生み出したニュートンの言葉ですが、りんごが落ちるという物理的現象を万有引力という理論で支えたのです。

このように保育の世界も理論で説明することができます。保育活動は日常的な目に見える行動を繰り返すことに意味があるのですが、それだけに惰性に走る怖さもあります。保育全体を支える理論的な枠組みが必要です。

アクティブ・ラーニングは、次のように互いに対面し合う四つの理論によって支えられています。

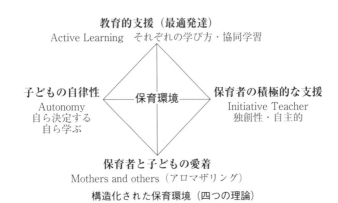

構造化された保育環境（四つの理論）

第4章　アクティブ・ラーニングを展開する構造化された保育環境

4、自律性の動機づけ（内的動機）（Autonomy）

　自律性の発達は、子どもの行動のあらゆる領域の発達を支える基礎となるものです。生まれた時の子どもは脆弱な生き物で、養育者（親や保育者）の強い保護的な養育が必要です。正常な発育は個人的および社会的において、それぞれ独自的に機能するのは、子どもの自律性の成熟とも言えます。子どもたちは成長するにつれて、人生を通じての的確な生きるためのスキル、および行動、感情、そして認識的な自律性を身につけます（Kopp, 2000）。幼児にとって自律性は、効果的なカリキュラムの中核を形成します。それゆえに子どもたちは、スキルと自主性と自律性を発達させるために物理的および心理的な空間（保育環境）を必要とします。そこにおいて保育者は物事を決定し、その中で子どもたちが身につける能力を見つけ、子どもたちに選択させる中で子どもに自律性ややる気（内的動機）を持たせていきます。

5、不安な環境では新しいことを受け入れようとはしません

　遊びと学びの活動から充分に恩恵を受けるためには、子どもたちに安心して遊びの環境が用意されていることが大切です。これはすべてのカリキュラムにとって重要です。私たちは、子どもたちが安全に感じるように、物理的および社会的に保育環境を構築する必要があります。子どもたちが不安に感じる環境においては、彼らのエネルギーは自己防衛に費やされ、彼らは新しい体験を受け入れようとしません（Bowlby, 1969, Erickson, Srouffe & Egeland, 1985）。否定的な感情は、子どもたちの遊びと学びの活動を破壊する危険性があります（Van Geert & Steenbeek, 2005）。

　安全な保育環境に加えて、子どもたちに自分たちの学びを構築させ

19

るとともに挑戦ができる準備が必要です。全世界を一度に示す状況を、子どもたちの保育環境の中に作り出すことは不可能ですが、子どもたちの周りの世界を、私たちは空間的に、かつ時間的に目に見えるように示す必要があります。「空間的に」とは、遊びと学びのために子どもたちが利用できる「世界」またはその一部を、私たちが如何にして、見えるように具体的に提供するかということを意味します。私たちはまた、人形、モデル、絵画、絵本、実際の状態、デジタル映像等もうまく利用しながら空間を提供していきます。

6、知的活動を刺激する八つの知能領域（MI）の遊びのセンターを用意する

　近年、脳神経科学に関する新しい研究が次々と発表されています。特に、多重知能説（MI：マルチ・インテリジェンス）を展開するハワード・ガードナー（アメリカ、1943〜）は、脳科学や脳神経外科手術の発展が脳の構造を解明し、それによれば脳の構造は、運動野、言語野、視覚野等パーツに分かれ、コンピューターのように中央処理装置で動くのではなくて、さまざまな働き方に分かれている多重並列処理型であることを唱えました。これをきっかけに、瞬く間に世界中の教育学者たちが多重知能説に注目し始めました。

　知能の働きを、脳の特定の部位に位置づけたガードナーの説を裏づける例証として、脳のある部位が怪我や病気で損傷を受けた場合、その部位が損なわれても、他の部位の働きにより、脳は活動を続けることがわかってきました。たとえば、ある有名な作曲家は脳卒中で脳の言語を司る部位が傷を受け、言葉を話すことができなくなりましたが、それでも作曲や指揮活動を続けました。損傷を免れた聴覚野が充分に働いていたのです。

　ガードナーの多重知能説が幼児教育に大きな影響を与え、多くの保育現場では次のような八つの知能領域の遊びが展開できる、シンプル

な遊びのセンターが用意されています。

1、言語的知能遊びセンター

　子どもの発達は言葉の表現によって飛躍的に進歩します。本や言葉に接する遊びの空間は必要です。子どもは言葉を見聞きするうちに、その多くを身につけます。そのための豊かな環境には、本、単語とイラスト、さまざまな種類の言葉の見本、あいうえお表、デジタル教材が必要です。

　言語的知能・能力は、話をする、文章を書くなど、単語や言語の意味や機能に対する感受性に関係します。作家、演説の巧みな人、セールスマン、言語学者、編集者等に見られる能力です。

文字に自然と興味を持たせる環境の提供

2、論理・数学的知能遊びセンター

　数字を順番に言えない子どもも、お菓子が1個、2個、3個あるという、小さな数量は理解しているし、目の前のお菓子の多い少ないもわかっています。そして、次第に正確に数えることを学び、数字を順番に口にし始めます。歌や詩を利用しても学ぶ（覚的計数）際も同じことが言えます。

論理・数学的知能は、数字の意味をとらえて操作する知能です。何かを明快に論証し理解する能力でもあります。論理的に講義をする大学教授、科学者、数学者、税理士、コンピュータープログラマー等に見られる能力です。

IT環境もうまくとり入れているオランダの保育園

３、視覚・空間的知能遊びセンター
　子どもの視覚や空間理解は次のような順序で発達します。ブロックや組み立て遊びは、子どもの遊びには欠かすことのできない重要な遊びです。
　①列と塔を作る（並べる・積む）。壊して作り直す行為も繰り返し行う。
　②子どもは簡単な囲いをデザインする。かご、家、ガレージの壁など。
　③幅や奥行きとともに、高さが増した構築を始める。
　④子どもはかたまりの構築物で充分な体験を積んで初めて、構築の最終段階である空間的に広がりのある構築への準備ができます。構築物は窓、ドア、屋根、階段、バルコニーなど、ようやくさまざまな細部を持つようになります。

第4章　アクティブ・ラーニングを展開する構造化された保育環境

　視覚・空間的知能は、空間および空間の中に含まれるものを的確に認識し、初めて見たものを多様に変化させる能力です。建築家、写真家、測量士、発明家等に見られる能力です。

4、運動感覚的知能遊びセンター
　身体の動きをコントロールし、物を器用に扱い、自分の考えや気持ちを、身体を使って表現する知能です。スポーツ選手、ダンサー、彫刻家、大工等に見られる能力です。

保育活動の1つにリズムや音楽にふれながら遊んでいる

5、音楽・リズム的知能遊びセンター

　正確なリズムや音の高低、音色を生み出し評価する音楽的表現に関する感受性に関わります。作曲家、演奏家、ピアノ調律士、指揮者等に見られる能力です。

6、対人的知能遊びセンター

　他人の気分や感情、意欲、要望を適切に判断し、応じる能力です。カウンセラー、政治家、管理者、経営者、広報専門家等に見られます。

第4章　アクティブ・ラーニングを展開する構造化された保育環境

虫めがねを使い、深く調べることができる環境

7、内観的（自己意識）知能遊びセンター

　自分自身について正確に把握し、自分の感情を見きわめる能力だけでなく、強みや弱みを知る能力です。企業家、心理療法士、聖職者等に見られます。

8、博物学的知能遊びセンター

　身のまわりにあるさまざまな事象を認識し、ちがいや共通点を見つける能力です。博物学者、生物学者、動物愛護運動家、獣医等に見られます。

25

7、八つの知能領域が働くための物理的および心理的空間（保育環境）の必要性

　子どもたちに生きるためのスキルと自主性を発達させるためには、物理的および心理空間（保育環境）が必要であると、ガードナーはこのように言っています。

- ・子ども自らが環境に働きかけ、自らが選択するチャンスを与える。
- ・グループ全体が環境とどのように関わっているのかを観察し、保育者が子どもの遊びの状況に応じて変化させる能力を持つ。
- ・遊びコーナーをつくり、それらの場所にはさまざまなおもちゃや素材を用意してあげる。
- ・絵本、音楽、パズル遊び、DVD（映像）を他の仲間と行うことでの連帯感を持たせる出会いの場をつくる（コミュニティー空間）。

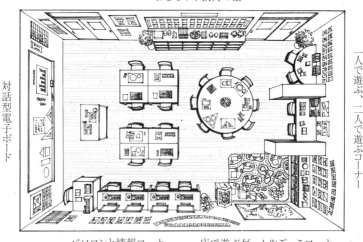

協同学習のための円形テーブル・異なった課題で遊ぶ長方形の机・プロジェクトデスク・担任の机などが配置されている

第5章

八つの知能領域（MI）が働くリアル（実物）と デジタル（映像）の対話的アクティブ・ラーニング

● ● ●

　子どもの学習方法にはいろいろな手段が取られていますが、ほとんどの場合は、刺激を与えて反応させる古典的な刺激と反応理論の枠組みです。また、子どもの自主性を大事に考えると、子どもは遊びながら学ぶといわれていますが、保育室の自由な遊びは、しばしば息抜きであり、目的のないままに、同じことが繰り返されています。遊びから学ぶという意味は、遊びや学習はそれぞれが互いに意味のある関連性があることがわかることです。遊びや学習が子どもの年齢に合ったものであることは大事ですが、子どもの年齢的な成長過程と複雑に関連していることを知る必要があります。

クラス全体で行う対話型電子ボードによる学び

1、過剰な視覚情報から選択させる力を養う

　現代の子ども、特に日本のように、乳児期から電子情報に囲まれて暮らす高度なテクノロジー文化の中で生きる子どもたちは、日々、テレビ、携帯電話、コミック、ゲーム等、めまぐるしい映像や文字にさらされています。子どもを取り巻くこれらの視覚的なイメージが、子どもの意思から独立した関係で、子どもの遊びや意欲に強い影響を与える危険な状態です。それゆえに、これらの視覚的なイメージを正しく読み取り、理解する新たな能力が求められています。

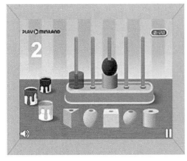
おもちゃ（実物）とデジタルを組み合わせたあそび

一人で形と色の分類遊びをする

2、リアル（実物）とデジタル（映像）によるアクティブ・ラーニング

　リアル（実物）とデジタル（映像）によるアクティブ・ラーニングは、子どもの自主的な遊びを誘うために、手の操作性とゲームの面白さを取り入れた体験型学習ができるようになっています。さらに子どもの内的動機を強めるために、実物遊びの後、デジタルゲームによって子どもに新しいものの見方や理解を深める工夫がされています。

第5章　八つの知能領域(MI)が働くリアル(実物)とデジタル(映像)の対話的アクティブ・ラーニング

　リアル（実物）とデジタル（映像）によるアクティブ・ラーニングには、遊びを豊かにする教育的な遊びの指導法が用意され、クラス全員にあるいは個人指導として、コンピューター、対話式電子ボード、タブレットが利用できます。子どもの知的領域として、言語、算数、芸術的表現、自然科学、健康教育、コミュニケーション技術への興味を引き出します。

3、子どもたちは三つのステップから学びます

1、レッスンプラン：どのような目的で何を学ぶかが、保育者（教師）によってビジュアルに説明されます。
2、実物で遊ぶ：教育玩具を具体的に使って、ゲーム遊びをスムーズに展開させるための遊びのシートが用意されています。
3、デジタル遊び：子どもたちが何を学んだのかを補強するために、コンピューター、対話式電子ボード、クラスルーム白板、タブレットを使ってゲーム遊びをします。

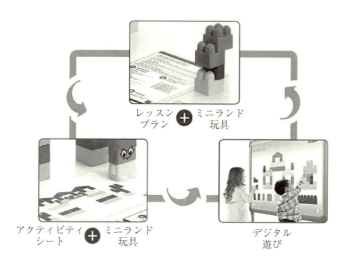

4、デジタルゲームによるアクティブ・ラーニングの特色

1、「ミスをすることは記憶を伴った学習には大事なことですが、その時、目的が明確でない答えの場合は無意味です」（カナダ、The Baycrest Foundation）の理論で構成されています。
2、子どもの個々のやる気や達成時間に合わせられるようにタイプタイムキーパーがついていますから、子どもを競争に駆り立てることなく、新たな挑戦をさせることができます。
3、遊び始めると八つのバッハの音楽が流れてきます。バッハの協奏曲の流れに沿って遊ぶうちに、古典バロック音楽への関心も芽生えます。
4、これらのデジタルゲームは、AUU（子どもの電子教具の開発を行うヨーロッパ機構）のテクノロジー専門家、心理学者、幼児教育者、社会学者の協力で製作されています。

5、知能の八つの領域を対話的に学ぶデジタル教材

　コンピューター、クラスルーム白板、電子ボードに投影された画面と対話的に遊ぶことで、子どもの知的な関心は広がります。クラス全体で学ぶ、小さなグループで学ぶ、あるいは個別指導として多様に使用できます。バッハの協奏曲の流れとともに、子どもは落ち着いて遊びに取り組むことができます。

1、言語的知能：言葉遊び
　　（バッハの協奏曲が背景に流れ、音楽的な関心を養います）
・子どもは日常生活の中で、言葉のはたらきを学ぶ。
　最初は「今、目の前にある状況」、そして後には「より抽象的な状

第5章　八つの知能領域(MI)が働くリアル(実物)とデジタル(映像)の対話的アクティブ・ラーニング

コンピューターで展開するブロック遊び　　　実際のブロックで遊ぶ

況」、「さっきの」場所や「もうすぐ」行く場所など、別の場所という状況もある。
・絵や絵本が非常に役立つ。
・語りかけながら読む。
・読み書きに自然な形で向かえるように準備をする。
・言葉の意味を理解するだけでなく、実際に読み書きをしようとするとき、最初は自分の名前を学ぶ。
・書くための素材や絵本、物語の絵を使用すると、読書の効果が増す。

　子どもに、人の体について説明してから、体の各部分をマウスで移動させて体を完成させます。また、画面に出てくる人形にマッチした服を着せる遊びから言葉数を増やします。

1、教育的目的：言語的語彙の獲得。身体に関する理解。
2、保育者の積極的な支援の目的：人の体と各部分を一致させるとともに相違点に気づかせます。
3、保育者の積極的な指導方法：教具の人形の実物を使って、手は、足は、耳は、目はと問いかけます。各部分の相違点を言語化させ

31

コンピューターや電子ボードに出てくる映像です。対話型電子ボードの場合は、子ども自身が画面に指をタッチして移動させます。

ます。
4、デジタル遊び①：練習シートをプリントして、カードに切り取って身体パズルや着せ替えパズル遊びをします。
　　デジタル遊び②：実際に遊んだことを、認知的理解を強化するためにデジタル（映像）上で体部分のパズル遊びを行います。

2、論理・数学的知能：色と数遊び
　　（バッハの協奏曲が背景に流れ、音楽的な関心を養います）
　色の数と同じ数だけの果物をマウスでクリックして選びます。また、同じ野菜をパネルを開けて見つけます。

1、教育的目的：1～9までを数える。同じ野菜と色彩を見つける。記憶力を養います。
2、保育者の積極的な支援の目的：教具の果物や野菜を使って数える。同類をグループ化する遊びを行います。
3、保育者の積極的な指導方法：具体的に他の教具を使って数える遊びを指導します。

第5章　八つの知能領域(MI)が働くリアル(実物)とデジタル(映像)の対話的アクティブ・ラーニング

コンピューターや電子ボードに出てくる映像です。対話型電子ボードの場合は、子ども自身が画面に指をタッチして移動させます。

4、デジタル遊び①：練習シートをプリントして、そこに書かれた数字を指でなぞります。数と同じだけの果物を選びます。

デジタル遊び②：デジタルのパネルのふたを開けて、同じものがどこにあるか記憶力のゲーム遊びを行います。

3、視覚・空間的知能：動物たちはどこに棲んでいますか？
　（バッハの協奏曲が背景に流れ、聴覚的にも関心を養います）
　草原に棲んでいる野生動物と森に棲んでいる野生動物を見分ける遊びから、視覚的・空間的な理解力を身につけます。

コンピューターや電子ボードに出てくる映像です。対話型電子ボードの場合は、子ども自身が画面に指をタッチして移動させます。

33

4、運動感覚的知能：空間内の関係遊び

　（バッハの協奏曲が背景に流れ、聴覚的な関心を養います）

　画面の運動遊びから、どのように感じますか？、楽しかった！、怖かった！、の感情表現をさせます。また、実物のボルトとナットのおもちゃを使った指先遊びを終えてから、コンピューター上の画像で遊びます。

コンピューターや電子ボードに出てくる映像です。対話型電子ボードの場合は、子ども自身が画面に指をタッチして移動させます。

5、音楽・リズム的知能：画面の変化をとらえる

コンピューターや電子ボードに出てくる映像です。

第5章　八つの知能領域（MI）が働くリアル（実物）とデジタル（映像）の対話的アクティブ・ラーニング

6、対人的知能：喜び、悲しみ、驚き等のさまざまな表情を作る

　画面に現れた奇妙でこっけいな顔に、マウスで顔の部位を移動させながら、感情の出る顔を作ります。

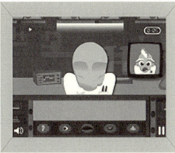

コンピューターや電子ボードに出てくる映像です。対話型電子ボードの場合は、子ども自身が画面に指をタッチして移動させます。

7、内観的（自己意識）知能：食物はどこで栽培されていますか？ 動物は何を食べていますか？

　牧場にいる動物や関連性を学びます。

コンピューターや電子ボードに出てくる映像です。対話型電子ボードの場合は、子ども自身が画面に指をタッチして移動させます。

8、博物学的知能：それぞれの動物の住んでいるところはどこですか？

　食べ物はどこで取れるのでしょうか？　関係性や所属感を学びます。

コンピューターや電子ボードに出てくる映像です。

第6章

PISA（国際学習到達度調査）を開発した
OECD（経済協力開発機構）からの問いかけ

● ● ●

1、『あなたの国では、子どもたちは新しい方法で 算数を学んでいますか？』

　現在の先進工業諸国の教育は OECD の理念と協力しながら、21世紀型社会（グローバリゼーション）の教育開発を行っています。日本の文科省も OECD とともに、日本の教育改革とも言える「アクティブ・ラーニング」型の教育方法を推し進めています。

　『あなたの国では、子どもたちは新しい方法で算数を学んでいますか？』は PISA 参加61か国に問いかけられた質問ですが、日本はこれに充分に答えることができなかったようです。

　現在行われている幼児教育のカリキュラムには二つの流れがあり、西欧先進諸国で行われているプロジェクト型（ホリスティックとも呼ばれ、子どもが暮らす環境全体との関わりで進行する）と、日本や韓国のような高度な教育を誇る国々が行っている伝統的な段階型（発達段階に沿って知識を教えていく）です。現代の生活環境は急激なグローバリゼーション化、たとえば、中国の経済（爆買いや工業生産の衰え）や政治（巨大な軍事費や共産党政権の意図）が直接日本の政治に関わり始める一方、宗教や民族間が争うイスラム国のテロや中東の石油問題など、日本人の日常生活を左右する時代です。また、子どもたちが大人になった時には、今ある職業の65％は姿を消して、これまでにない

37

仕事が生まれると予測されています。このような時代に生きる子どもたちに、従来の知識伝達の段階的カリキュラムは通用しなくなるのは間違いありません。『あなたの国では、子どもたちは新しい方法で算数を学んでいますか？』という、これは算数の領域に関する問いかけですが、これからは、子どもの内的動機（自主的なやる気）に根ざした自己決定や自己解決能力が求められ、これまでとは質的に異なった幼児教育（学び方）が必要であることを問いかけているのです。

2、さんすう（大きい・小さい）の概念を
プロジェクトで学ぶ

●子どもの知的関心を、現実行動から具体的表現、そして抽象的概念に導く

子どもたちにやる気を起こさせ関心を抱かせるためには、日常的な行動に引き込むことも必要です。子どもの経験に非常に近いところから始め、そして徐々に距離をとります（現実行動から具体的表現、そして抽象的概念まで）。子どもを現実的な世界だけで遊ばせる保護者や保育者よりも、子どもを現実的な場所から、より未来に向かって目を開かせようとする保護者や保育者の子どもは、幅広い理解と洞察力を身につけることが Irving Sigel の距離論（Sigel、1993年）で実証されています。保育者や保護者の役割は、存在（現実）、非存在（想像）を作ることです。

子どもたちに、次第に抽象的なものに気づかせ、目の前にないものを現実的に説明できる力を身につけさせるためには、次の4段階で進めます（Van Kuyk、2003年）。

1、概念を与える：具体的な説明をする

2、体験をさせる：見本を見せてあげる

3、知覚を使う：理解を広げてあげる

4、関係性を理解させる：理解を深めてあげる

38

第6章　PISA（国際学習到達度調査）を開発したOECD（経済協力開発機構）からの問いかけ

　これら知的活動の４段階の展開は、短期サイクルと呼ばれます。他方、毎年同じ時期に同じテーマを繰り返し、前年より高いレベルで繰り返すテーマ展開により子どもの理解を深める展開を、長期サイクルと呼んでいます（Sigel、1993年理論で検証されています）。

3、さんすう（数）の概念「大きい・小さい」の
　　プロジェクト展開

●３歳児クラスの取り組み

　幼い子どもたちにとって最も大切な課題の一つは、自分を取り巻く環境を理解することです。それは、大きいと小さい、厚いと薄い、長いと短い、高いと低い、広いと狭い、重いと軽いなどといった、大きさに関係のある世界を体系づけることで最もよく達成されます。子どもたちは品物を順に並べるために、大きさの概念を使います。保育者がはっきりと概念を示すと、子どもたちはふさわしい素材や実例を使いながら、思考力と数学力を身につけるための立体の基礎力を伸ばしていきます。

　ここでは『おおきなかぶ』を取り上げ学びます。

〈テーマ１〉　　　　　　　　　　　　　　　　　　　『おおきなかぶ』

◎最初に、テーマ全体に関心を持たせ遊びに誘う

　異なる重さの重りをてんびんにのせ、てんびんを見て、「こっちの

39

腰まわりや身体の様々なところを実際に計っている

ほうが重たい！」と声にすることができました。また、メジャーでお友達の腰回りを測ったり、砂時計で時間の計測をしました。子どもたちは楽しそうに、「計測するもの」を使いながら遊んでいました。また、異年齢交流では、手や足、身長などの大きさ比べをしました。

1、概念を与える：具体的な説明をする

　『おおきなかぶ』の絵本を見せながら、これから何を学ぶのか、何をして遊ぶのかを説明しました。子どもたちは絵本を見ながら、「うんとこしょ、どっこいしょ」と一緒に言ったり、人や動物が増えてい

第6章　PISA（国際学習到達度調査）を開発したOECD（経済協力開発機構）からの問いかけ

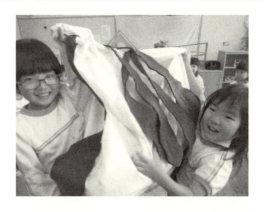

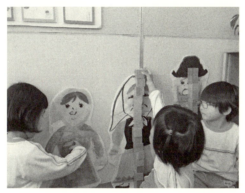

くことに関心を持ったりしました。

2、体験をさせる：見本を見せてあげる

　布で作った大小のかぶを用意します。
　大きさと重さが違うかぶを用意しました。大きいものは重く、小さいものは軽くして、子どもたちに見た目の違いと持ったときの違いを感じてもらいました。「こっちのほうが重たい！」「一人で持つより二人で持つほうが軽い！」と、たくさんの発見ができました。

41

３、知覚を使う：理解を広げてあげる

　絵本から飛び出したような登場人物を積み木コーナーに飾りました。同じ大きさの積み木を積んでいき、人物の大きさを比べました。「おじいさんのほうが、おばあさんよりも積み木の数が多いね！」と、自分たちで積み重ねた積み木を数えて、比べることができました。

４、関係性を理解させる：理解を深めてあげる

　『おおきなかぶ』に出てくる動物の大小や、果物やボールなど、身近なものの大小をカードで比べました。「こっちのほうが大きい！」「こっちは小さい！」など、すぐに答えることができました。

第6章　PISA（国際学習到達度調査）を開発したOECD（経済協力開発機構）からの問いかけ

プロジェクトのねらい…主となるテーマ：数と大きさ、年少のテーマ：「分けよう」

	知能の領域	内　容
子どもに身につけさせたいこと	論理・数学的知能	・玄関のディスプレイを見て、興味を持つ。 ・お部屋に『おおきなかぶ』の絵本を飾り、絵本を楽しむ。 ・布で作った大小のかぶで、「大きさ」「重さ」「葉っぱの大きさ」等を比べる。 ・「おおきなかぶ」ごっこをする。 ・大小カードで遊ぶ。 ・大きな登場人物を積み木コーナーに飾り、大きさを比べる。 ・大きさの違うかぶに対して引っ張る人数が大きなかぶと小さなかぶでは異なることを理解する。
保育者の積極的な関わり		・「おおきなかぶ」の玄関ディスプレイを見て、登場人物の大きさの違いやかぶを分けることをする。 ・「この絵本はなんだろう？」と興味を持たせる。 ・『おおきなかぶ』の絵本を見て、どんなお話かということを知り、大きなかぶを引き抜くためにはどれだけの人の力が必要だったのかということを考える。 ・大小のかぶを用意する。大きさが違うことで、重さや葉っぱの大きさ、人手の違いに気づく。 ・「おおきなかぶ」ごっこができるように、おじいさんやおばあさんの衣装を用意する。 ・同じものの大小を比べる（かぶの大小、動物の大小、野菜の大小など）。違うものの大小を比べる（象とねずみ、りんごといちごなど）。 ・積み木コーナーに大きな登場人物を飾る。積み木を積み、その数の違いで、人の大きさ（高さ）の違いに気づく。 ・大きなかぶと小さなかぶでは、かぶを引き抜くのに必要な人数が違うので、その違いに気づけるようにする。

5領域との関係	内　容
人間関係 環　境 表　現	・友達と楽しく活動する中で、共通の目的を見出したり、工夫したり、協力などができる。 ・生活の中でさまざまなものに触れ、その仕組みや性質に興味や関心を持つ。 ・日常生活の中で数量や図形などに関心を持つ。 ・さまざまな出来事の中で、感じたことを伝え合う楽しさを味わう。 ・自分のイメージを動きや言葉などで表現したり、演じて遊んだりするなどの楽しさを味わう。

プロジェクトの進め方…絵本の取り組み 『おおきなかぶ』

	プロジェクト内容	言 葉	プロジェクト内容の進め方
1、概念を与える：具体的な説明をする	・玄関のディスプレイを見る ・お部屋に『おおきなかぶ』の絵本を飾る 「この絵本はなんだろう？」と興味を持たせる。	多い、少ない 大きい、小さい 1～10	・一緒に玄関のディスプレイを見て、数や大きさの違いに気がついたり、お話しをしながら比較したりすることを楽しむ。
2、体験をさせる：見本を見せてあげる	・『おおきなかぶ』の絵本を見る 『おおきなかぶ』の絵本を見て、どんなお話かということを知り、大きなかぶを引き抜くためにはどれだけの人の力が必要だったのかということを考える。 ・布で作った大小のかぶ 大きさの違うかぶを用意する。大きさが違うことで、重さや葉っぱの大きさ、人手の違いに気づく。	大きい、小さい、何人、重たい、軽い	・『おおきなかぶ』の絵本を読み、内容に興味を持つ。何人の人の力が必要だったのかということを話す。 ・布で作った大小のかぶで、重さの違いにも気づく。
3、知覚を使う：理解を広げてあげる	・「おおきなかぶ」ごっこ 「おおきなかぶ」ごっこができるように、おじいさんやおばあさんの衣装を用意する。 ・大小カード 同じものの大小を比べる。かぶの大小や動物の大小、野菜の大小など、違うものの大小を比べる。象とねずみ、りんごといちごなど。	大きい、小さい 多い、少ない どちらが大きい？どちらが小さい？	・「おおきなかぶ」ごっこができる環境を作っておく。 ・大小を比べられるカードを置いておく。「どちらが大きいかな？（小さいかな？）」ということを子どもたちに問う。
4、関係性を理解させる：理解を深めてあげる	・大きな登場人物 積み木コーナーに大きな登場人物を飾る。積み木を積み、その数の違いで、人の大きさ（高さ）の違いに気づく。 ・どっちのかぶかなカード 大きなかぶと小さなかぶでは、かぶを引き抜くのに必要な人数が違うので、その違いに気づけるようにする。	何人、何個 大きい、小さい 高い、低い	・大きな登場人物を用意し、積み木を重ね、高さを比べることで、大きさの違いに気づく。 ・大きさの違うかぶを用意し、引っ張る人数を変えることで、どちらが大きいかぶか、どちらが小さいかぶかということを理解する。

また、大きなかぶと小さなかぶでは、かぶを引き抜くのに必要な人数が違うので、その違いに気づけるようなカード遊びをしました。

■担任保育者の観察

テーマにひきつける

12月のプロジェクトは、大きさに重点を置き、『おおきなかぶ』をテーマに進めていきました。布で作られたかぶを部屋に置いておくと「わー！　おおきなかぶだ！」と言い、子どもたちの興味がどんどん大きなかぶに引き込まれていきました。その後、小さなかぶを置いておくと、「こっちは軽いね」「小さくてかわいいね」など、大きなかぶとの違いを比べる様子がありました。サークルタイムでも実際に比べて、何が違うか子どもたちに尋ねてみました。すると、大きさ、重さ、中に入っている物、葉っぱの長さが出てきました。

さらに踏み込みたいと思い、かぶの胴周りの長さを玄関のディスプレイに置いてあるメジャーを使って、測って比べてみました。その際に、目盛りの数字の大きさで比べましたが、数字をまだよく理解できない子にとっては難しかったかもしれないと反省しました。メジャーの使い方は理解できたかもしれませんが、紙テープを用意し、胴周りのサイズに切って、その長さを比べるほうが年少にとっては良かったかもしれないと感じました。

具体的に比べさせる

11月に比べ大きさの違いにも早く気づけるようになり、大小のカードを使い、「どっちが大きいかな？」と聞くと、「こっち！」とすぐに言えるようになりました。また、子どもたちと楽しく積み木を積み上げて、大きさ比べをすることができました。数も数えられる子が増えてきたので、数字と見た目の高さで、どちらが大きいかを比べることができました。大きさの違いを比べていく中で、お部屋にあるものや、

自分たちの持ち物でも「私のほうが大きい！」や「ぼくのほうが小さい！」など、いろいろなものに視点を当て、自分たちで比べる姿も見られました。どっちのかぶかなカードでは、全員で遊んだ後、先生役を作って、子どもたち同士で問題を出し合う遊びも展開できました。違いに気づく力をつけて、年中では、大中小と、3つの違いに気づけるようになれたらと思います。（文章責任者：梶谷めぐみ）

✈✈✈✈✈✈✈✈✈✈✈✈✈✈✈✈✈✈✈✈✈✈✈✈✈✈

●4歳児クラス年中の取り組み

　あらゆる物は大きな物に成り得ます。または、とても小さい物にも成り得ます。または、中間のすべての大きさにも成り得ます！　子どもたちは、大きさによってまわりの世界を体系化することや、『3びきのくま』によって魅力的な活動が提供されるこのプロジェクトを楽しみます。その活動は、観察すること、分類すること、比べること、あらゆる関心をひく方法で計測することによって大きさの概念を子どもたちが調べることを促します。出入り口の開口部の大きさを変え、高さをビンのキャップやメジャーで測り、人間や植物の成長周期を調べ、ボタンを小さい物から大きい物へと順に並べ、長いリボンと短いリボンを天井から吊るします。そして屋外の観察では、空高くにある物や地面の低い所の物に注目します。このプロジェクトは実際に少しずつ物を計測する学習です。

第6章　PISA（国際学習到達度調査）を開発したOECD（経済協力開発機構）からの問いかけ

〈テーマ２〉　　　　　　　　　　『３びきのくま』

◎テーマ全体に関心を持たせる工夫をする

　玄関のディスプレイで、物の重さや長さを比べたり、測ったりして遊びます。

・４月に測定した身長と12月の身長をグラフにして、大きさを比較してみます。自分がどれぐらい大きくなったか、また、クラスの友達との大きさを比べたり、順番に並べたりしてみます。

・保育室に、大きなお父さんぐま、お母さんぐま、子どものくまが、それぞれ大きさの違う椅子に座っています。

１、概念を与える：具体的な説明をする

　『３びきのくま』の絵本を読み、物語にふれながら、大きい・中く

47

らい・小さいという大きさをみんなで改めて確認し、知っていきました。また、絵本を読み終えて、「お父さんぐまの物（ベッドや椅子やお皿など）は全部大きかったね！」「お母さんぐまのは、中ぐらいだったよ！」と、それぞれのくまの体の大きさや、その体の大きさに合う物はどれかということに気づいて、お話しする姿が見られました。

第6章　PISA（国際学習到達度調査）を開発したOECD（経済協力開発機構）からの問いかけ

2、体験をさせる：見本を見せてあげる

　お人形やお皿など、実際に物（立体）を用意して遊べるようにしました。椅子やお皿、スプーンなども、大・中・小それぞれの大きさの物を準備し、子どもたちが、どのくまにどの物が合うかを考えながらセッティングをし、遊んでいました。また、高さを合わせようと自分たちで箱を重ねて高くする工夫をしていました。「どうして、お父さんぐまのお皿は大きいのにしたのかな？」と問いかけると、「体が大きいから、いっぱい食べるんじゃない？」「大きいお皿はいっぱい入るから」などと、大きいものは量もたくさん入るということを理解し、

49

遊びの中に取り入れていました。

3、知覚を使う：理解を広げてあげる

　「3びきのくま」を紙媒体（平面のもの）で作り、プロジェクトコーナーで遊べるように準備しました。絵本を思い出しながら、「大きいお父さんぐまには大きいもので、子どものくまさんは小さいの！」と話しながら、それぞれの大きさのくまに合ったお皿やスプーンを選び、置いていました。また、お皿を置く前に大きい順に並べたり、重ねたりしながら、大きさを確認していました。

4、関係性を理解させる：理解を深めてあげる

　今度は自分たちが『3びきのくま』の物語に出てくるくまになりきって、ごっこ遊びを楽しみました。お母さんぐまの役の子はスカートをはいたり、お父さんぐまの役の子はベストを着たりして役になりきり、それぞれの大きさを考えながら、「お父さんはいっぱい食べてね！」「こっちのお皿が子どものくまさんにはぴったりじゃない？」と、料理を盛り付けたり、お皿を選んだりして遊びました。

第6章　PISA（国際学習到達度調査）を開発したOECD（経済協力開発機構）からの問いかけ

プロジェクトのねらい…主となるテーマ：数と大きさ、年中のテーマ：「比べよう」

	発達領域	内　　容
子どもの ねらい （つけた い力）	論理・数学 的知能	・玄関のディスプレイで、物の重さや長さを比べたり、測ったりして遊ぶ。 ・4月に測定した身長と12月の身長をグラフにして、大きさを比較してみる。自分がどれぐらい大きくなったか、また、クラスの友達との大きさを比べたり、順番に並べたりしてみる。 ・異年齢交流遊びを通して、学年による手足や体の大きさの違いに気づく。「なべなべ」のわらべうた遊びを通して、人数が増えると輪が大きくなることに気づく。異年齢交流をした友達にハガキを書いて、郵便屋さんごっこを楽しむ。 ・積み木を使って大小さまざまな山や建物を作って遊び、大きさを比べたり、積み木の数の変化に気づいたりする。 ・円弧モザイクを使って遊び、パーツを重ねていくごとに大きくなったり小さくなったりする、大きさの変化を理解して楽しむ。 ・同じ色と形で大きさが大小セットになっているカードで神経衰弱をして遊ぶ。
保育者の ねらい		・「比べよう」というテーマを意識し、数や大きさにふれながら、2つの物、あるいは3つの物を比べる楽しさを、目で見て味わったり、遊ぶ中で気づいたりできるよう留意して取り組む。 ・遊びを通して、自分が考えたことや気づいたことを言葉や遊び中で表現することができるようにする。 ・物を比較することで、「大きい」「小さい」の理解がしっかりできるように取り組んでいく。また、『3びきのくま』の取り組みの中で、「中くらい」という概念も理解していくようにする。
5領域		内　　容
環　境 言　葉 表　現 健　康 人間関係		・生活の中で、さまざまな物に触れ、その性質や仕組みに興味や関心をもつ。 ・先生や友達の言葉や話に興味や関心をもち、親しみをもって聞いたり、話したりする。 ・いろいろな体験を通じて、イメージや言葉を豊かにする。 ・絵本や物語などに親しみ、興味をもって聞き、想像する楽しさを味わう。 ・したり、見たり、聞いたり、感じたり、考えたりなどしたことを、自分なりに言葉で表現する。 ・いろいろな素材に親しみ、工夫して遊ぶ。 ・自分のイメージを動きや言葉などで表現したり、演じて遊んだりするなどの楽しさを味わう。 ・さまざまな活動に親しみ、楽しんで取り組む。 ・友達と楽しく活動する中で、共通の目的を見出し、工夫したり、協力したりなどする。

プロジェクトの進め方…絵本の取り組み『３びきのくま』

	プロジェクト内容	言　葉	プロジェクト内容の進め方
１、概念を与える：具体的な説明をする	・『３びきのくま』の絵本を読み、内容を振り返り、話す。	大きい、小さい、中くらい、大きいお皿、小さいスプーン、など	・大きい、中くらい、小さいという言葉を意識しながら、『３びきのくま』の絵本を読み、物語について話す。
２、体験をさせる：見本を見せてあげる	・紙媒体で作ったくまや椅子など（平面）を使って、どれがどのくまに合う大きさか考え、当てはめて遊ぶ。	大きいスプーン、小さい椅子、一番大きい、一番小さい、二番目に大きい、など	・紙媒体のくまを使って遊び、それぞれの大きさを理解して一致させていくことを楽しむ。 ・「大きい」という言葉に合わせて、大きいものを指さしして確認し、理解していく。
３、知覚を使う：理解を広げてあげる	・実際にくまの人形や大・中・小のお皿、スプーンや椅子（立体）を使い、見立て遊びを楽しみ、大・中・小の理解を広げる。	大きい、たくさん入る、小さい、少ない、中くらい、高い、低い、など	・媒体を立体にして、平面との違いに気づき、表現を広げていきながら見立て遊びを楽しみ、理解を広げていく。
４、関係性を理解させる：理解を深めてあげる	・最後に、自分たちが「３びきのくま」になりきりごっこ遊びを楽しむ。大きさを意識しながらごっこ遊びをし、大きさの違いを言葉や遊びを通して表現し、理解を深める。	たくさんのスープ、大きい椅子、体が小さいから小さいスプーンで食べる、お父さんぐまは大きい、など	・「３びきのくま」になりきってごっこ遊びを楽しむ。実際に遊んだり、大きさを言葉で表現したりすることで、大きさの違いを感じ、理解を深めていく。

■担任保育者の観察

　11月に引き続き、「比べよう」という遊びのテーマのもと、数や大きさにふれながら、2つの物、あるいは3つの物を比べる楽しさを目で見て味わったり、遊ぶ中で気づいたりできるよう意識して取り組みました。これまでのプロジェクトの取り組みで、2つの物の大きさ比べを存分に楽しんだ子どもたちは、「大きい」「小さい」ということの理解はよくできていたので、そこから、『3びきのくま』を題材に、

第6章　PISA（国際学習到達度調査）を開発したOECD（経済協力開発機構）からの問いかけ

３つの物の大きさを比べる中で、「大きい」「小さい」に加え、「中くらい」という概念を知り、理解を広げていくことができるような遊びを展開していきました。

　絵本を読み終えると、子どもたちは、「子どものくまが一番小さくて、お父さんぐまが一番大きかったよ！」「お父さんぐまの物（ベッドや椅子やお皿など）は全部大きかったね！」「お母さんぐまは中くらい！」と、それぞれのくまの大きさに着目し、どれが、どのくまに合う大きさかということを理解し、話していました。

　次に、媒体を絵本から、画用紙で作った平面の物にして遊べるようにしました。どの子も「大きい」「中くらい」「小さい」という概念を普段の生活や遊びの中から感覚的によく理解しており、お皿を置く前に大きい順に並べたり、重ねたりして大きさを確認しながら、それぞれの大きさのくまに合ったお皿やスプーンを選び、遊んでいました。

　さらに、今度は媒体を立体にして用意しました。ここでも子どもたちは、どのくまにどの物が合うかを考えながら、楽しそうに人形を椅子に座らせたり、料理を準備したりして遊びました。また、一番小さいくまを椅子に座らせたときに、机と高さが合わない場面がありました。子どもたちは別のコーナーから箱を持ってきて、「これの上に置いて高くしよう！」と、箱を重ねて高さを調節して工夫していました。媒体を立体にしたことで、高さや深さなど、平面では表せない部分に着目した遊びの姿が見られたり、言葉の表現に変化があったりと、理解を広げていました。

　最後は、自分たちが実際に「３びきのくま」になりきって、ごっこ遊びを楽しみました。「私はお母さんぐまだからスカート履こう！」「小さいお皿は子どものくまさんのね！　お父さんは一番大きいお皿！　いっぱい食べてね！」と、役になりきって楽しむ中で、大きさの違いを言葉で表現したり、大きさ比べを取り入れたりして、存分に遊び、理解を深めていました。

53

今回取り組んでみて、子どもたちが大きさをきちんと理解していることがわかり、媒体に変化をもたせたことで、子どもたち自身が違いに気づいたり、新たな発見をしたりする喜びを味わいながら進めることができました。遊びや使う言葉に広がりが出て、遊びを通して、考えることや言語の発達へつなげることができたと思います。しかし、遊び方がワンパターンになりがちだったので、次回は遊び方をもっと広げていけるように、今回の反省を生かした、媒体やおもちゃ選びの教材研究をし、子どもたちに投げかけ、時には提案し、一緒に遊び、共有しながら、これからもワクワクするような保育を展開していきたいと思います。（文章責任者：清水かおり）

✦+✦

●5歳児クラスの取り組み

　お城は空の高い所にあって、ジャックの家は地面の低い所にあります。ジャックが豆の木を登る時、荷物は軽いのですが、巨人から奪った後は、荷物は重いのです。お話の始まりでは、戸棚は空っぽですが、お話のおしまいには戸棚はいっぱいになっています。そしてそれからはみんなずっと幸せに暮らしていきます！

　この『ジャックと豆の木』のお話は、みんなを大きさの旅に連れて行ってくれます。長さを測るもの、重さを量るもの、数を数えるもの、比較対照するものが登場します。大きな豆の木を登る小さな一歩を踏み出すことに一緒に参加しましょう。小さな豆から始まるお話を大いに楽しんで、一層興味を沸かせましょう。

第6章　PISA（国際学習到達度調査）を開発したOECD（経済協力開発機構）からの問いかけ

◎テーマ全体に関心を持たせる工夫をする

　生活に身近なもので「大きさ」(時間の長さ・物の長さ・温度の高さ・

55

年輪にふれているところ

物の重さ）が比べられるもの・測れるもの等をディスプレイし、重さや長さを比べて測れるようにし、確かめながら遊んでいきました。

1、概念を与える：具体的な説明をする

　『ジャックと豆の木』の物語にふれ、その物語の世界に入り込み、遊びを展開していきました。「ジャックの家族は何人かな？」「物語に登場する人は何人かな？」「めうしと何を交換したかな？」と、お話しをしながら理解を深めていきました。

第6章　PISA(国際学習到達度調査)を開発したOECD(経済協力開発機構)からの問いかけ

2、体験をさせる：見本を見せてあげる
　「豆や木は、どんなふうに大きくなっていくのかな？」。以前育てた「落花生」の成長を振り返りつつ、他の豆について話を広げたり、木の年輪にもふれたりしてお話しをし、大きさというものを体験していきました。

3、知覚を使う：理解を広げてあげる
　「数や大きさ」を意識しながら遊べるように大きさ比べを行い、「一番背が高い男の子や女の子は誰かな？」と、背比べや手の大きさ、足の大きさや違いを比べて、遊びを展開していきました。

57

また、雲の上にある「大男の家」をイメージして家づくりをしたり、「伸びていく豆の木を積み木でも作れるかな？」とチャレンジして作ってみました。

4、関係性を理解させる：理解を深めてあげる

ＡのこっぷとＢのこっぷは、「どちらがたくさん入っているかな？」「どちらの量が多いのかな？」「量を比べるには、どのようにしたらよいかな？」と、子どもたちに問い、「同じこっぷに入れていけばいいんじゃない？」という意見が出たので、皆で実践していきました。

第6章　PISA（国際学習到達度調査）を開発したOECD（経済協力開発機構）からの問いかけ

プロジェクトのねらい…主となるテーマ：数と大きさ、年長のテーマ：「数えよう」

	発達領域	内　　容
子どもの ねらい （つけた い力）		・お部屋に『ジャックと豆の木』の絵本を飾り、絵本を楽しむ。 ・『ジャックと豆の木』のお話ごっこをする。 ・玄関のディスプレイで、物の重さや長さを比べたり、測ったりして遊ぶ。 ・異年齢交流の遊びを通して、学年による手足や体の大きさの違いに気づく。「ひっつきもっつき」のうた遊びを通して、大きさの違いに気づく。 ・大小さまざまな積み木を使って遊び、物語『ジャックと豆の木』に出てくる大男の家・豆の木を作り、大きさを比べたり、積み木の数の違いを比べたりし、違いに気づく。 ・大きさの違うこっぷを用意して、どちらのこっぷに入っている飲み物の量が多いのか？どのように比べたらよいのか？を皆で考え、確かめる方法を探る（大きさ・量の違いを知る）。
保育者の ねらい	論理・数学 的知能	・「この絵本はなんだろう？」と興味を持たせる。 ・『ジャックと豆の木』の絵本を見て、どんなお話かということを知り、「大きさ」にふれながら遊びを進める。 ・同じものの大・小を比べる。 ・積み木コーナーでさまざまな大きさの積み木を積み重ねて作る中で、数や大きさや高さの違いに気づく。 ・ストーリーや先生や友達の言葉や話に興味や関心をもち、親しみをもって聞いたり、話したりする。 ・したり、見たり、聞いたり、感じたり、考えたりなどしたことを自分なりに言葉で表現する。 ・絵本や物語などに親しみ、興味をもって聞き、想像する楽しさを味わう。 ・「数える」というテーマを意識し、数や大きさにふれながら、絵本に登場してくるもの・人も数え方が違うので、その違いに気づき、楽しみ、確かめながら取り組む。 ・遊びを通して、自分が考えたことや気づいたことを、言葉や遊ぶ中で表現することができるようにする。
5領域		内　　容
環　境 人間関係 言　葉		・身近な事象を見たり、考えたり、扱ったりする中で、物の性質や数量、文字などに対する感覚を豊かにする。 ・自分の思ったことを相手に伝え、相手の思っていることに気づく。 ・日常生活の中で、文字などで伝える楽しさを味わう。

プロジェクトの進め方…『ジャックと豆の木』

	プロジェクト内容	言　葉	プロジェクト内容の進め方
1、概念を与える：具体的な説明をする	・絵本にふれる。	ジャック・豆の木・めうし・大男・めんどり・金の卵・大きい・小さい・ハーブ	・『ジャックと豆の木』の絵本を子どもたちに読み聞かせる。 ・絵本コーナーにも絵本を用意し、自分でも手に取り、見たり読んだりできるようにする。 ・いろいろな種類の『ジャックと豆の木』の絵本を用意する。
2、体験をさせる：見本を見せてあげる	・さまざまな豆の種類を見せる。 ・豆の成長過程を探る。 ・つるが伸びて大きくなるものって何か考える。	落花生・小豆・大豆・枝豆・そらまめ・つる	・いろんな豆の種類を見せる（落花生・小豆・大豆・枝豆・そらまめ）。 ・ジャックのもらった豆はどれかな？ ・豆ってどんなふうに成長するのかな？ ・大きくなるのかな？ ・つるが伸びて大きくなるものって何があるかな？（今まで育ててきたものを思い出す。きゅうり・ゴーヤ・あさがお）。
3、知覚を使う：理解を広げてあげる	・大きさ比べ：お友達と体の大きさ比べをする。 ・数・量比べ。 ・『ジャックと豆の木』の絵本を読み、本の世界にふれる。	背比べ・高い・低い 大きさ比べ・大きい・小さい 長さ比べ・長い・短い 数・量比べ・多い・少ない	・数や大きさを意識しながら遊べるように、大きさ比べを行い、「一番背が高い男の子や女の子は誰かな？」と背比べや手の大きさ、足の大きさ比べをして、大きさや違いを比べて、遊びを展開する。 ・『ジャックと豆の木』の絵本を読み、「金の卵を何個産んでいるかな？」、「このジュースの量はどちらが多いかな？」
4、関係性を理解させる：理解を深めてあげる	・雲の上にある「大男の家」をイメージして、ごっこ遊びを展開する。 ・積み木で豆作り。	2倍体・3倍体・立方体・直方体・三角・四角	・大きさ・数を意識して、ごっこ遊びを展開する。 ・大男の家を作ってみよう。

第6章　PISA（国際学習到達度調査）を開発したOECD（経済協力開発機構）からの問いかけ

■担任保育者の観察 ✦•✦•✦•✦•✦•✦•✦•✦•✦•✦•✦•✦•✦

　子どもたちは、11月から「数や大きさ」についてふれて、遊びを展開していきました。サークルタイムで、子どもたちに皆の知っているもので、大きくなるものって何があるかな？と質問すると、「形を変えて、だんだん大きくなるからお月さま!!」「空気を入れると大きくなるから風船！」「小さなものが大きく見えるから虫眼鏡！」「小さいときは小さなおにぎりで、大きくなったら大きなおにぎりが食べられるようになるから、おにぎり！」「焼いたら膨らむから、おもち！」等と、子どもらしい意見も飛び交いました。どれも、なるほどよく見ているな！と感心する答えばかりで、子どもたちが自分なりに思いや理由を考え、知恵を振り絞っているのを感じました。

　数を意識して取り組み始めて、「〇月〇日」という日付の呼び方や「〇時〇分」という時間の読み方にも興味を持ち、理解し始める子が増えてきました。子どもたちの身近なところから、わかりやすく、さまざまなことを感じ、遊びながら学び取れるようになってきています。

　そのような中で、12月は「数や大きさ」のプロジェクトの一環として、題材に『ジャックと豆の木』の本を用いて保育を展開していきました。子どもたちに絵本を通して、「数と大きさ」に、より注目していけるよう取り組んでいきました。子どもたちは絵本の中の会話やお話の展開をよく覚えており、「小さな豆１つと何を交換したのかな？」「めんどりは、どんな卵を産んでいたかな？」「金の卵はいくつかな？」などと話をして振り返ったり、大男の真似をして、歩いたり、話したり、動いたりし、コーナーでも遊びを繰り返していました。

　メジャーや定規を使って長さを測ったりすることで、数や大きさは生活に密着しているものだという意識が芽生えています。３学期も、子どもたちが楽しんでプロジェクトに取り組めるよう、自発的な取り組みを大切にして、遊びの中で学んでいけるようにしていきたいと思

いQます。(文章責任者：波田真由美)

╼╾╼╾╼╾╼╾╼╾╼╾╼╾╼╾╼╾╼╾╼╾╼╾╼╾╼╾╼╾╼╾

▮ 4、子どもの自主的な動きをうながす
　　視覚化された保育環境

●子どもが落ち着く・時間の流れが目に見える・行動を予測する

　子どもたちは、家庭と保育園・幼稚園という異なる空間や生活環境の「移行」を調整しながら行き来しています。母親との再会後に喜びと悲しみの感情が大になり、家庭に帰ると甘える傾向が強いのは、家庭に適応するためと考えられています。また、母親が甘えを受け入れるのは、子どもを預けている時間の埋め合わせをしているのです。

　人生最初の「移行」は、産院から家庭、続いて家庭から「保育園」「学校」、卒業して「会社」に入る。転職する。離婚、再婚。「死を迎える」。これらの移行の営みは、生きる人間と環境の相互作用の結果、いわゆる発達過程そのものであるというのが、21世紀の動的心理学の考えです。

　子どもは視覚情報から、時間の流れを予測し、日々の習慣や規則を理解します。そして、一日はどのような行動で成り立っているのかを学びます（発達障がい児・自閉症スペクトラム障がい児の他者関係や認知理解に役立つと専門家は評価しています）。

　子どもは家庭から保育園（幼稚園）・学校へと場（環境）の移行によって発達します。時間的変化、習慣や規則、所属グループを理解することで、自分のやるべき行動を理解します。そして質問する、聞く、会話することから、言語能力が磨かれます。

　以下は、発達障がい児の時間や環境の変化に対する理解を獲得させ

第6章　PISA（国際学習到達度調査）を開発したOECD（経済協力開発機構）からの問いかけ

るのに最適な教具です。

　教育のねらい：所属意識、時間の変化、習慣や規則を視覚的・聴覚的に理解します。
①自分の所属、クラスの子どもの名前、自分のグループの課題を理解します。
②誰が出席していますか？、まだ来ていないのは誰ですか？、の表現力を学びます。
③出席者の人数や、休んでいる子どもの数を言うことで、数字への関心を高めます。
④当番の子どもが、○○ちゃんは来ていますか？と質問をし続けて、来ている子どもとまだ来ていない子どもに分類します。

●なるべく時間を目に見えるように…
　保育室で一番求められている子どもの落ち着き、聞く力、時間の概念（流れと構造）を学びます。
①視覚情報から、自分の次の行動を予測できるようになり、子どもに落ち着きが出てきます。

②時間という極めて抽象的な概念を、日々の習慣や規則を通してゆっくりと身につけます。

③時間と空間理解。たとえば、前、後ろ、間、あとで、今、きのう、きょう、あす、1週間、朝と夕方。

④「正しい」「誤り」の自己検証ができることで、自分の行動を評価して、自己肯定感情を育てます。

　視覚教育は幼児期の子どもの環境理解や認知行動に、また、現代教育の大きな課題である発達障がい児の教育手立てとして、専門家たちが注目しています。脳の視覚領域から獲得する能力に光が当てられています（発達障がい児・特定学習障害児・自閉症スペクトラム障がい児との関わり方や認知理解に適しています）。

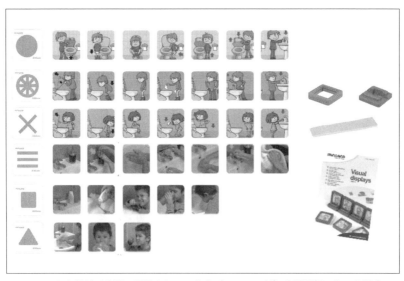

このような教材が実際に開発されています（miniland 社）生活習慣の細かな順序

＊子どもの自主的な動きを作る視覚教材に関するカタログをご希望の方は、NPO法人国際臨床保育研究所までご連絡いただければお送りします。
　電話：0742-40-4051　FAX：0742-40-4049

第7章

ドイツの保育システム
KITA（キタ）が取り組むプロジェクト

● ● ●

1、衝撃的なベルリンの学校崩壊事件

　移民家庭の子どもにドイツ語を教える国家的なプロジェクトとして、2005年に移民法が作られドイツ語が話せない人々にもドイツ語を学ぶ義務が生じました。統合コースと呼ばれ、ドイツ社会で自立的に生きていくための最低限のドイツ語を身につける義務的な法律でした。

　この法律は移民家族たちがドイツ文化に融和し、ドイツ文化からはじき出されない目的で作られたものでもありました。しかし、学業を放棄する者、充分なドイツ語を身につけないままに就労する労働者が増えるだけでなく、移民家庭の子どもを受け入れる学校に大きな影響が出始めました。

　ベルリン市の移民の子どもが80％を占める学校で、教師が生徒に暴力を振るわれる事件が勃発し、教師たちは互いに携帯電話を手に助け合う態勢を作らざるを得ない状況が生じました。しかし、これ以上教育を進めることができないと、学校の教師全員の署名で、ベルリン市長に学校を閉鎖するように要望書を出しました。学校崩壊です。この事件はドイツ全土に報道され、移民家庭の子どもが多いあちらこちらの学校で、同じような状況であることがわかりました。

外国からの移民の子どもたちの大半が在籍するヴィーズバーデン市の保育園では、体験型のプロジェクト法で保育が進められています。

2、学習意欲を失う移民家庭の子どもたち

　なぜ、ドイツ語を積極的に学ばないの？　ドイツの心理学者たちは、外国人のためのドイツ語学校で移民の人たちを調査した結果、彼らの多くはドイツ語を学びたいという意欲が少ないことがわかりました。ドイツ語を身につけて、ドイツ社会で高度な仕事をしたいとは思っていないこと、また、ドイツ語をしゃべらなくても、彼らの居住地域には母国の移民がたくさん住んでいるから、母国語で充分生活できることも理由でした。

　移民の人たちの学習や労働意欲を高めるには、ドイツ語を教える前に、彼らの自尊感情や自己肯定能力を高めることの重要性にドイツ政府は気がつきました。
　保育園や学校ではドイツ語を話し家庭では母国語で生活する態勢を作り、子どもたちの出身国の文化やアイデンティティーを考慮したカ

第7章　ドイツの保育システム KITA（キタ）が取り組むプロジェクト

保育園の玄関には、移民の子どもたちのあいさつの言葉がそれぞれの母国語で書かれたポスターが貼られています。

リキュラムが組まれました。そして幼児教育法として、ドイツより数年先に移民問題で苦しんできたオランダが開発した、ピラミーデ教育法（プロジェクト）にドイツ政府は目をつけました。特に、ドイツの大都会フランクフルト郊外のヴィーズバーデン市の公立保育園（KITA）では、入園児童の90％がドイツ人以外の子どもで占められ深刻な保育・教育状況でした。

　ピラミーデ法を導入して5年目のヴィーズバーデン市の保育園の園長先生自らが、「私たちはピラミーデを導入していることを誇らしく思っている」と語られているように、実際的な成果をあげています。また、これらの取り組みを実証するために、Landau 大学による報告書では34ページにわたる Kammermeyer 教授と Roux 教授の詳細な調査が述べられ、ピラミーデの最大の特色は、幼児期の子どもの言語能力と算数の理解力であると報告されました。
（コブレンツ大学報告書）

3、プロジェクト法はこのように構成されています

1、今月のプロジェクトの発達領域は「健康」です。その領域を支えるのが、子どもが関心を持ちやすい季節、時間の変化、人間関係、数える、文字等の教科学習に関連づけます。
2、一つのテーマを1か月かけて、現実的な遊びから抽象的な内容に展開します（日本では行事との関係で2か月かけて行っている保育園・幼稚園があります）。
3、プロジェクトの仕組みは、同じ月のテーマを「年少」「年中」「年長」と内容を質的に変化させる、現在の心理学が唱える環境との相互依存関係による新しい学び方が取り入れられています。
4、日本の文部科学省が2020年を目標に新しい教科書（教育指導要領）に着手します。たとえば家庭科で沸騰した水を使ってゆで玉子を作った体験した子どもが、理科で沸騰が起こる原因を学ぶことで、知識はそれぞれが互いの相互依存関係で成り立つというものです。

●今月のプロジェクトテーマ「からだ」の情報が玄関先に必ず展示されています

　テーマ「からだ」に関する情報が玄関先に展示され、子どもや保護者は何を学ぶか情報を得ます。プロジェクト法はまず、何を学ぶかの情報を与えます。そして、子どもたちの好奇心を喚起して、プロジェクトにのめり込むように工夫されています。

●保育室にはプロジェクトで使用する保育素材が用意されています

　保育室に入ると、テーマ「からだ」に関する保育素材がわかりやすく掲示されています。子どもたちは何を学び、何をするのかを視覚的

第7章　ドイツの保育システム KITA（キタ）が取り組むプロジェクト

テーマ「からだ」　　　　　　　　様々なテーマに関するしかけ

他のクラスへ行っても同じテーマのものにめぐりあうことで更に相互作用のきっかけが増える

に判断できます。

●サークルタイムの時間に与えられる説明で、子どもは何をするのかを理解します

　サークルタイムと呼ばれ、子どもたちは先生を囲むように、時には床にすわって肩と肩が触れ合うようにしています。今日は何をして遊び何を学ぶのか、先生は子どもに問いかけながら説明します。

オランダの保育園サークルタイム

登園した子どもたちに、今日は何をして遊ぶのか具体的に視覚的に遊びが説明されます。

●保育室の習慣や規則がわかりやすく伝えられます

　ピラミーデは子どもの入園や進級に更に配慮が払われます。その理由は、子どもの、場の「移行」における不安感を軽減させるためです。母子間の分離不安よりも、家庭の仕組みから保育園の仕組みへの移行に、子どもは強い不安感を抱いていることがわかってきました。登園時での、母親の子どもに対する接し方よりも、保育の方法（仕組み）が重要なのです。すでに述べたように、乳児室の環境、登園時に保護

第7章　ドイツの保育システム KITA（キタ）が取り組むプロジェクト

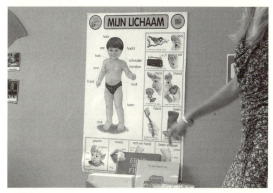

身体の部位の名前や何をするためのものかを具体的に伝えます。

者と一緒に遊ぶ時間等の工夫に加えて、保育活動は多くの習慣と規則で成り立っていることを教えます。

●極めて具体的に説明が繰り返されます

　子どもが具体的に理解できるように、先生は絵と自分の体の部分を比べながら、体の部位や働きを話します。

●プロジェクトは、必ず、子どもの身近な知識と関連づけます

　テーマ「からだ」は子どもの日常生活と関連させて話が展開され、食べる、歯をみがく、手を洗う等の動作と関連づけて説明されます。

●子どもたちに自分の体と比べさせて理解を確かなものにさせます

　体の部位を動かすゲームを通して、具体的な体の動かし方、部位の機能を理解させます。プロジェクトでは、体験させる、五感をふんだんに使う重要な場面です。

　子どもたちはお互いの体を大きな紙に描く遊びから、体への関心が

第7章　ドイツの保育システムKITA（キタ）が取り組むプロジェクト

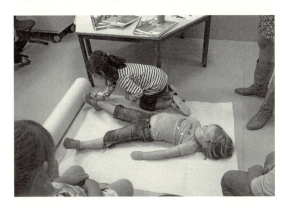

さらに深まります。プロジェクトでは理解を広げる段階と考えます。

●表面的な体の部位から体の機能についての理解を深めます
　模造紙に描いた体を互いに見せ合いながら、お互いの体の部位と役割を話し合う、プロジェクトでは理解を深める段階です。

まとめ

ピラミーデの保育の流れと
子どもへの支援の方法

● ● ●

1、人生のはじまりは平等でありたい

　先進諸国の持続的な経済発展を支える一つの柱が、幼児期の基礎教育にあると、OECD（経済協力開発機構）は2001年と2006年に Starting Strong（人生の始まりは力強く）を提唱しています。この考え方に影響を受けた日本も60年ぶりの教育基本法の改訂（2007年）に続いて、幼稚園の学校化（2010年）、保育園の幼児教育機関化（2011年）を打ち出しました。しかし、現実には子どもの生活実態（子どもの貧困・虐待・学力低下）の深刻さは、アメリカをはじめとしてドイツ、オランダ、イギリスにおいても現実味を帯びてきました。最近の全国学力テストの総合的な分析では、高所得の家庭の子どもほど学力が高い（現に東大生のほとんどが年収1千万円以上の家庭）という結果が出ていますが、学習支援の現場からは「学力の底抜け」の実態として、「昨年度は670人が通ったが、半数以上が小学4年で習う分数や小数の計算ができなかった」「ある女子生徒は、小1で両親が離婚。母親はパートを掛け持ちして、夜も不在がち。一人で夕飯を食べ、シングルマザーになった姉の子も世話していた」という子どもの貧困が報告されています（読売新聞読者投稿記事より）。

　また、日本の労働市場では過去30年にわたり、若者の失業率は中高

75

年に比べて高く、見かけは就業としているデータの中にも派遣、パート、非正規採用が大半であるのが事実です。

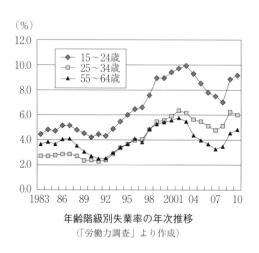

年齢階級別失業率の年次推移
(「労働力調査」より作成)

● 差別が見えにくいという論議

　第38回全国人権保育研究集会(2016年1月29日と30日)が高知県で行われました。私は第4分科会「意欲と主体性を育てる保育環境」の助言者の一人として出席しました。

　保育の熱心な取り組みの報告に、現場保育者の熱意があふれ、毎年、聞き惚れるような報告があります。出席者の保育者たちは、現実の人権(差別問題)に関わっている人や人権意識の強い人(関心のある人)たちです。少なくとも大まかに目的意識がはっきりしている会合です(大まかにという意味は、参加者それぞれの地域によって取り組みに違いがあり、認識度も異なり、一枚岩では進まないのですが、人権という軸を中心に、自由にものが言える柔らかな研修会です)。

● 次第に「人権」が語られなくなった保育報告

　人権のあり様を現場の中から考え、その取り組みを保育という場で

まとめ　ピラミーデの保育の流れと子どもへの支援の方法

語られる研究会ですが、毎年、人権や差別問題から保育を語る報告が少なくなっていくのが気になります。報告の結論は、一人ひとりの人権を大事にする保育という話にはなるのですが（私は自分の分科会という視野からの意見ですが）、何故だろうかとずっと考えてきました。差別は見えにくくなったという意見です。本当だろうか？、というのが私の素直な疑念です。

●一般にできると考えられていることができないような場合

　以下のようなことが障害者差別問題で書かれていました。差別は見えないという意見を再考させられる内容です。(参考：『障害を問い直す』東洋経済新聞社)

　私たちは、物理的な状況や精神的（知的）な問題で、一般にできると考えられていることができない場合を、障害があると線引きします。しかし、これらの線引きは、置かれた環境や人の認識度によって大きく変化します。たとえば、宇宙飛行士が銀河系の遠く離れた星に不時着した時、彼を助けてくれた人々は先天的に目が不自由でした。目の不自由な人々の住む星では彼は障害者でした。

2、気づくこと、気づかれること

●エレベーターの中の鏡

　「友人がエレベーターの中に鏡がないのは困ると言ったそうです。何が困るのか彼はわからなかったのです。実は、友人は車椅子を使っている障害者です。多くの人と一緒にエレベーターに入る時に、車椅子を回転させることはできないので、前方を向いたまま入ります（これは私も知っています）。後ろから（彼にとっては）どれだけの人が入ってくるのかは、前方に鏡があるとわかります。今度はエレベーターから出る時も、後ろを向いて車椅子を動かすのは大変ですから、鏡を見

77

ながら後ろにさがると難なく出られる」と話したそうです。

　障害者の立場も、車椅子のことも知識はあるが、鏡のことには全く気づかなかった、と著者は書いています。私たちは、自分に関係のない出来事には無意識に無関心になり、気づかない特質を持っている。ところが、この気づかない無関係なことが、何らかの事情で自分と関わる事態になると、あるいはそのことを教えられることで、自分の認識（常識）に破れ目ができることで気づきが起こります。

●人に気づかれることが大切なのです
　この例からもわかるように、人に気づかれないまま生活状況に変化がなく、現実が維持されたまま不利益に生きる人々がいます。自分に無関係なことを排除し無視するのではなくて、無関係と思われることに関心の目を向ける仕事が、人権保育を目指す私たちには重要な気がします。
　幼児期の子どもを保育する中で是非とも考えなければいけないのは、幼児の生活に現れる表現は大人と質的に異なるゆえに、現場の保育者は無関心事を掘り起こす作業は欠かせないということです。たとえば、保育者が特定のＡちゃんを叱った場合、自分も叱られたと感じる子どもが結構います。また、保護者がネグレクトであった場合、親の自分に対する態度は、自分が悪いからだと考え、一層親に愛着行為を繰り返し、ネグレクトから逃げられません。

●自分ではどうしようもない状況を自分で引き受ける子どもたち
　カンモク児や引きこもりの子どもを理解することのむずかしさは、身近な保護者や保育者（教師）が気づきにくいことです。気づいた段階ではなかなか後戻りができない子どもたちで、自分ではどうしようもない状況を自分で解決する方向に歩みます（私が相談を受けた子どもの大半は、私の手の届かない場所にいました）。

まとめ　ピラミーデの保育の流れと子どもへの支援の方法

　子どもが精神的・物理的に置かれた状況は、少なくとも子どもの保育活動に現れているはずです。子どもの不利な状況が見えないのは、見えないような保育、すなわち皆が同じように、同じ遊びと、同じ指導で行われる限り見えません。子どもは自分をだましたり、ごまかしたりすることが不器用ですから、一人ひとり見える保育の工夫が行われれば、子どもの状況が見えるはずです。

●障がい児一人ひとりに特技があった

　米国のインクルーシブ教室（障がいのある子どもも障がいのない子どもも、それぞれの求めに応じて教育が行われる）の取り組みでは、教師たちが生徒に好ましい感情を抱くことから始まりました。

　英語教師は、学習障害のジョニーがコンピューターを使って素晴らしい物語を描くとほめます。

　補助教員は、認知障害のチャックが図形を組み合わせて見事な形を作ると自慢します。

　音楽の専任教師は、自閉症のアシュレイが音楽会で見事に歌を歌うといいます。

　食堂の作業員は、情緒障害のダイアナは給食の時間に手伝ってくれると喜びます。

　特別支援の教師は、ADHD のウイリーは車のどんな修理でも直してくれるといいます。

　学級担任は、ダウン症のマリアは 5 年生で一番たくさんの本を読んでいるとクラス中でほめます。

（参考：『脳の個性を才能にかえる』トーマス・アームストロング著、中尾ゆかり訳、NHK 出版）

　一人ひとりが些細なことであっても特技を出せる保育環境であれば、子どもの人権も見えてくると思います。

参考文献

1、『プロジェクト幼児教育法』オクターブ。ジェフ・フォン・カルク博士／辻井正（2013年）

2、「ジョージア州立大学検証報告」USA Cito。

3、高等学校から落ちこぼれていく図、ジェームズ・ヘックマン教授講義録より。

4、『ルポ貧困大陸アメリカ』堤　未果著、岩波新書。(2008)

5、『Theoriyschem Piramide』Jef J. van Kuyk (2011)

6、『Why education of young children』Jef J. van Kuyk (2011)

7、『Teaching in 21st century』Jef J. van Kuyk (2011)

8、The Pyramid method「Education method for 3 to 6 —years-old children」Cito Arnhem September (2010).

9、『すごいぞカエルくん』清水奈緒子訳、セーラー出版。(1996)

10、『子どもが育つ条件』柏木恵子著、岩波新書。(2008)

辻井　正 (つじい　ただし)
・1940年、奈良県生まれ。
・関西学院大学文学部修士課程修了。
・高校教師を経て、ドイツ障害者の町「ベテル」少年の家勤務。
・2000年、大阪府社会教育委員。
・2000年、大阪府教育功労賞受賞。
・2001年、博士号修得 Doctor of Sociology『Modern Society and Children』。
・2002年、旧オランダ王立教育評価機構 Cito ピラミーデ公認教授資格。
・2008年、神戸こども総合専門学院学院長に就任。
・2009年、ニュージーランドの PMP（感覚運動）の翻訳と導入を行う。
　NPO法人国際臨床保育研究所　所長。
　日本全国の園内研修や講演会に招かれ執筆活動、研究を続けながら現場を歩き続ける。
・2016年12月、死去。

幸せの小国オランダの子どもが学ぶ
続アクティブ・ラーニング　プロジェクト法【実践編】
〜八つの知能領域で学ぶ保育環境〜

二〇一九年三月一〇日　初版第一刷発行

著者　辻井　正

発行者　光本　稔

発行　株式会社　オクターブ
京都市左京区一乗寺松原町三一―二
郵便番号　六〇六―八一五六
電話　〇七五―七〇八―七一六八

編集協力　勝山結夢

印刷・製本　亜細亜印刷株式会社

©T. Tsuji 2019
ISBN978-4-89231-203-8

乱丁・落丁の場合はお取り替え致します

Printed in Japan